# LEGUELÉ & LEGUELINHO

# UM DIA NO PARQUE

**Preparo de originais:** Gabrielle Antunes    **Ilustração:** Leandro Campos Moreira
**Supervisão de texto:** Jéssica H. Furtado    **Capa:** Geovanna Votto
**Revisão:** Fernanda Jesus    **Diagramação:** Geovanna Votto

A editora não se responsabiliza pelo conteúdo da obra, formulada exclusivamente pelo(s) autor(es).
A editora não se responsabiliza pela manutenção, atualização e idioma dos sites referidos pelos autores nesta obra. 1a Edição, 2024 — Edição revisada conforme o Acordo Ortográfico da Língua Portuguesa de 2009.
Publique seu livro com a Ases da Literatura. Para mais informações envie um e-mail para originais@asesdaliteratura.com.br
Suporte técnico: A obra é comercializada da forma em que está, sem direito a suporte técnico ou orientação pessoal/exclusiva ao leitor.

**Catalogação na publicação**
**Elaborada por Bibliotecária Janaina Ramos – CRB-8/9166**

M838L

Moreira, Leandro Campos

Leguelé & Leguelinho: um dia no parque / Leandro Campos Moreira, Martín Ganut Moreira. – Rio de Janeiro: Ases da Literatura, 2024.

32 p., il.; 14 X 21 cm

ISBN 978-65-5420-959-5

1. Literatura infantil. I. Moreira, Leandro Campos. II. Moreira, Martín Ganut. III. Título.

CDD 028.5

**Índice para catálogo sistemático**
**I. Literatura infantil**

# LEGUELÉ & LEGUELINHO

# UM DIA NO PARQUE

Leandro Campos Moreira e Martín Ganut Moreira
Ilustrações: Leandro Campos Moreira

asinha

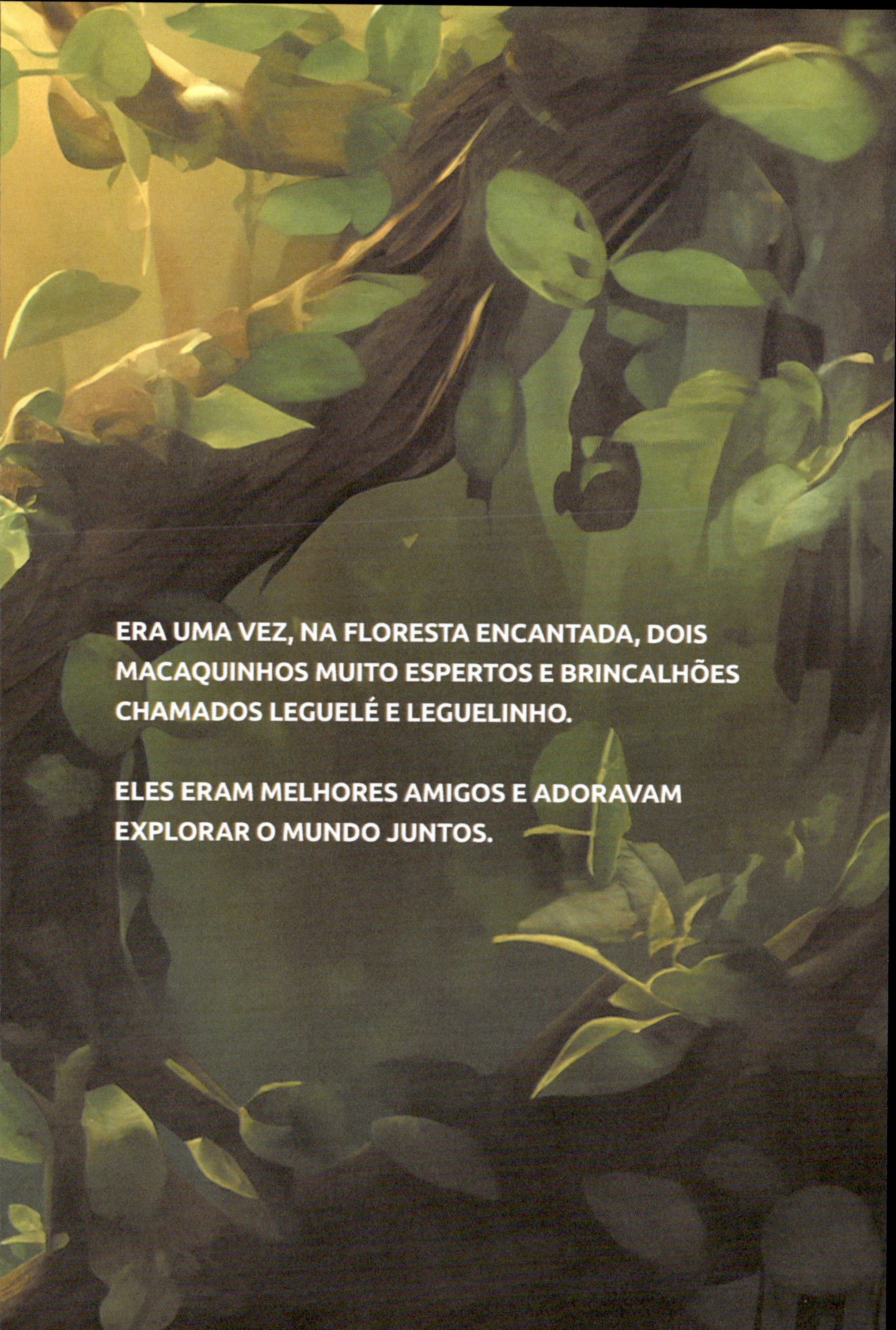

ERA UMA VEZ, NA FLORESTA ENCANTADA, DOIS MACAQUINHOS MUITO ESPERTOS E BRINCALHÕES CHAMADOS LEGUELÉ E LEGUELINHO.

ELES ERAM MELHORES AMIGOS E ADORAVAM EXPLORAR O MUNDO JUNTOS.

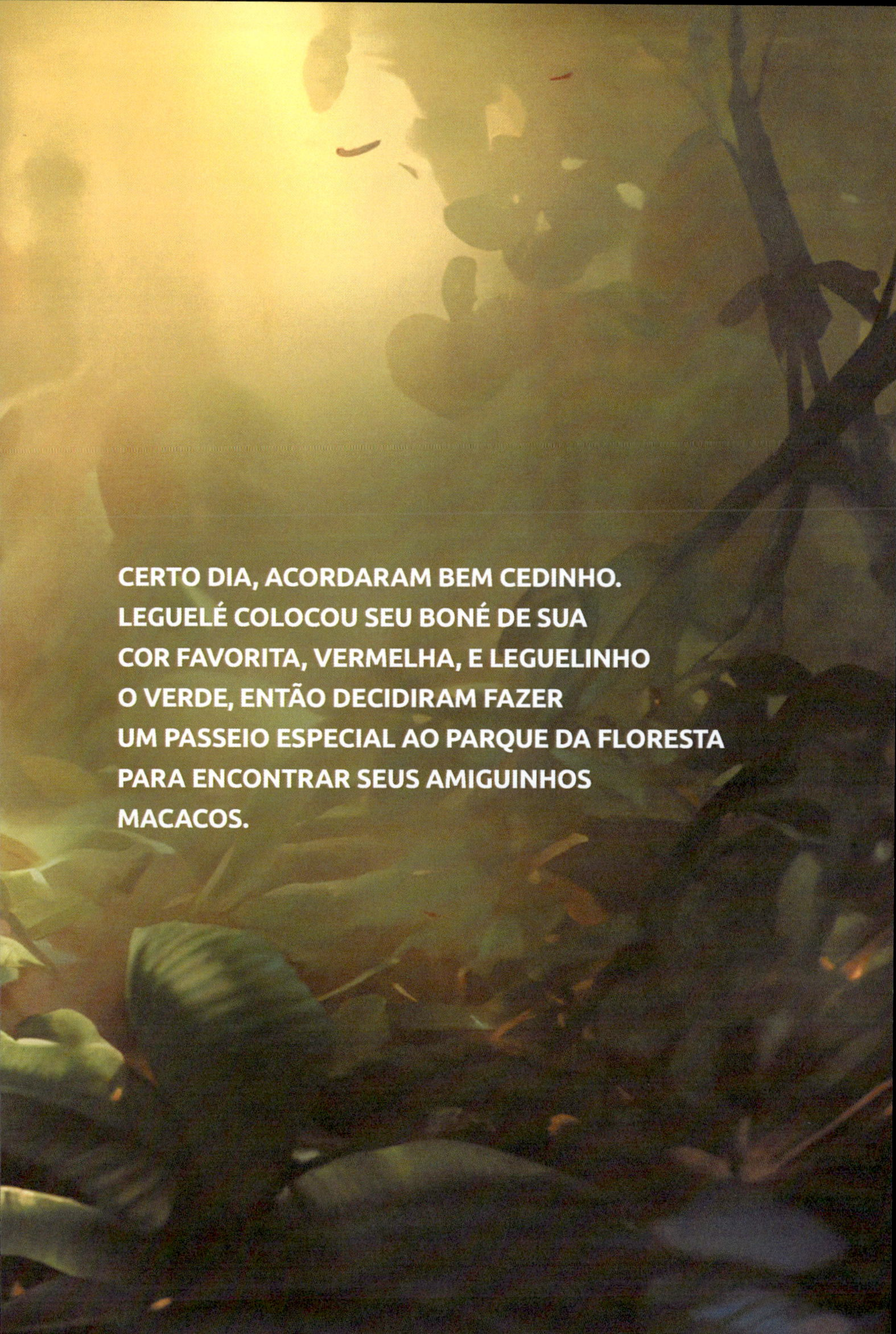

CERTO DIA, ACORDARAM BEM CEDINHO.
LEGUELÉ COLOCOU SEU BONÉ DE SUA
COR FAVORITA, VERMELHA, E LEGUELINHO
O VERDE, ENTÃO DECIDIRAM FAZER
UM PASSEIO ESPECIAL AO PARQUE DA FLORESTA
PARA ENCONTRAR SEUS AMIGUINHOS
MACACOS.

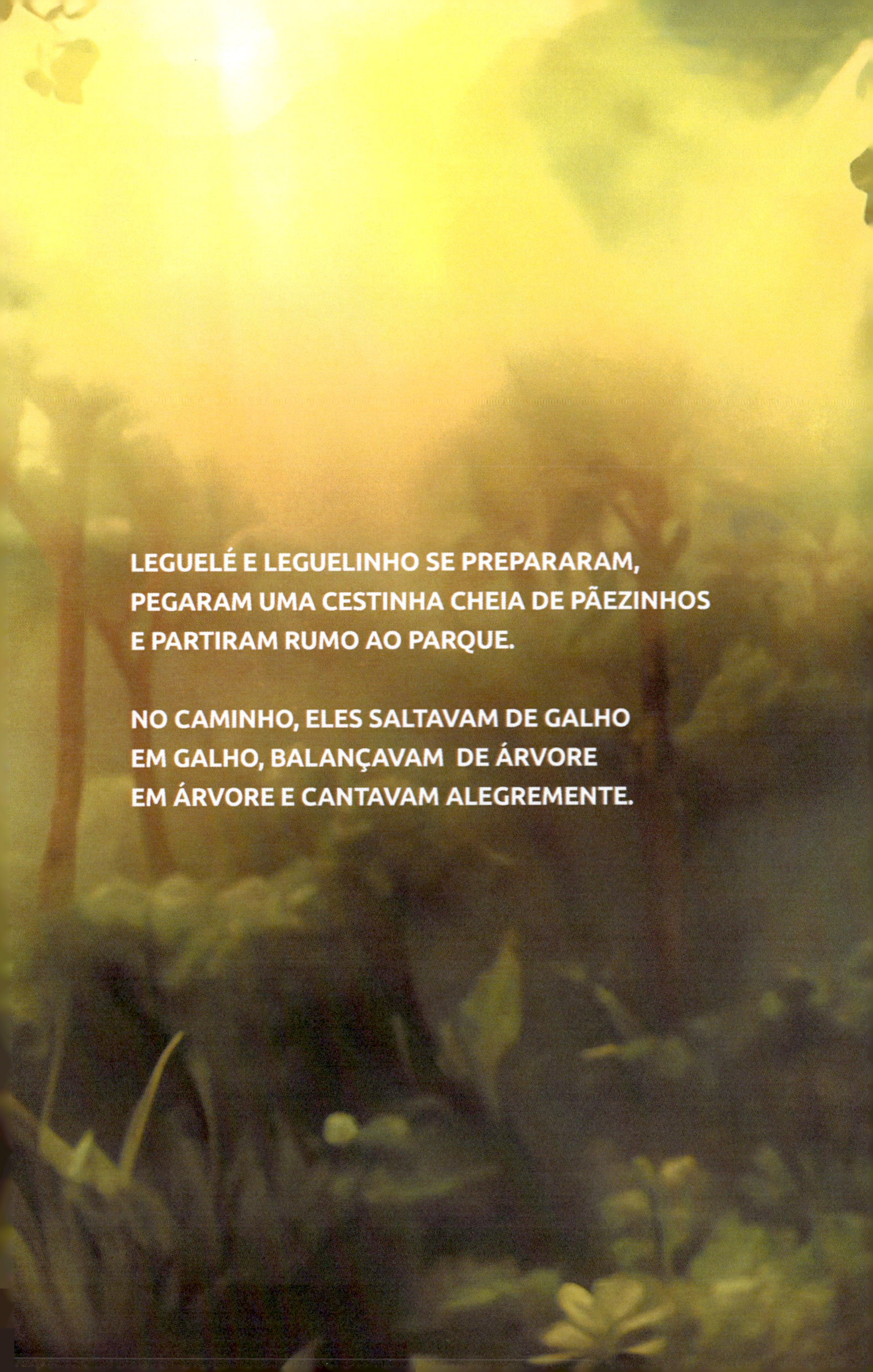

LEGUELÉ E LEGUELINHO SE PREPARARAM,
PEGARAM UMA CESTINHA CHEIA DE PÃEZINHOS
E PARTIRAM RUMO AO PARQUE.

NO CAMINHO, ELES SALTAVAM DE GALHO
EM GALHO, BALANÇAVAM  DE ÁRVORE
EM ÁRVORE E CANTAVAM ALEGREMENTE.

CHEGANDO LÁ, ENCONTRARAM SEUS AMIGUINHOS MACACOS BRINCANDO ALEGREMENTE  NOS BALANÇOS E ESCALANDO AS ÁRVORES.

OS MACAQUINHOS E SEUS AMIGUINHOS
COMEÇARAM  A COMPARTILHAR OS PÃEZINHOS
COM ELES.

ERA UMA FESTA! ELES COMIAM E BRINCAVAM
JUNTOS, APROVEITANDO CADA MOMENTO.

DEPOIS DE SE DIVERTIREM BASTANTE,
LEGUELÉ E LEGUELINHO DECIDIRAM
FAZER UMA VISITA AOS PATOS QUE NADAVAM
NO LAGO DO PARQUE.

ELES SE APROXIMARAM DEVAGARINHO
E COMEÇARAM A JOGAR PEDACINHOS
DE PÃO PARA OS PATOS.

OS PATINHOS FICARAM TÃO FELIZES
QUE COMEÇARAM A NADAR EM CÍRCULOS,
QUASE COMO SE ESTIVESSEM DANÇANDO
NA ÁGUA.

APÓS ESSA AVENTURA COM OS PATOS,
OS MACAQUINHOS SENTIRAM SEDE. ELES VIRAM
UMA BARRACA NO PARQUE COM UM LETREIRO
ESCRITO "ÁGUA DE COCO GELADINHA".

CURIOSOS, FORAM ATÉ LÁ E ENCONTRARAM
JÚNIOR, UM MACAQUINHO MUITO HABILIDOSO
QUE VENDIA BEBIDAS REFRESCANTES.

JÚNIOR SORRIU AO VER SEUS AMIGUINHOS
MACACOS E DISSE: OLÁ, LEGUELÉ E LEGUELINHO!

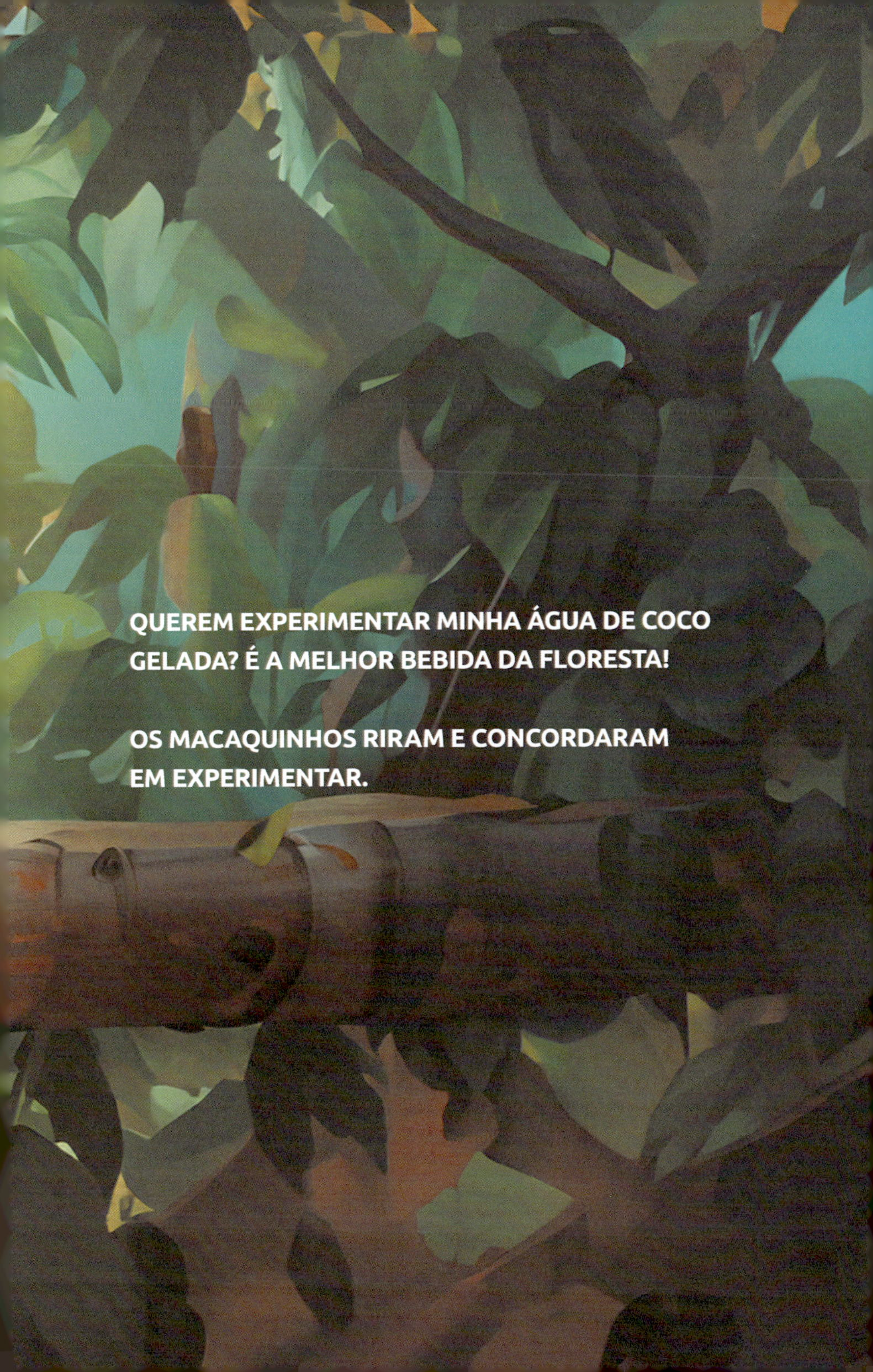

QUEREM EXPERIMENTAR MINHA ÁGUA DE COCO GELADA? É A MELHOR BEBIDA DA FLORESTA!
OS MACAQUINHOS RIRAM E CONCORDARAM EM EXPERIMENTAR.

ELES TOMARAM GRANDES GOLES DA ÁGUA
DE COCO GELADA E FICARAM SURPRESOS
COM O SABOR DELICIOSO.

ERA REFRESCANTE E DOCE, PERFEITA
PARA UM DIA QUENTE NO PARQUE.

OS MACAQUINHOS AGRADECERAM A JÚNIOR
PELA BEBIDA INCRÍVEL E SE DESPEDIRAM,
PROMETENDO VOLTAR EM BREVE.

COM AS BARRIGUINHAS CHEIAS
E A SEDE SACIADA, LEGUELÉ
E LEGUELINHO VOLTARAM PARA CASA,
FELIZES E SATISFEITOS.

O DIA NO PARQUE FOI REPLETO DE BRINCADEIRAS, RISADAS E AVENTURAS INESQUECÍVEIS.

E, ASSIM, OS DOIS MACAQUINHOS
CONTINUARAM A VIVER SUAS AVENTURAS,
EXPLORANDO A FLORESTA E FAZENDO
NOVOS AMIGOS,

LEMBRANDO SEMPRE AQUELE DIA ESPECIAL
EM QUE VISITARAM O PARQUE, DERAM PÃO
PARA OS PATOS NO LAGUINHO E TOMARAM
UMA DELICIOSA ÁGUA DE COCO GELADA NA
BARRACA DO JÚNIOR.

O VÍNCULO DE AMIZADE ENTRE LEGUELÉ
E LEGUELINHO SÓ SE FORTALECE A CADA
NOVA JORNADA QUE VIVEM JUNTOS NA
MÁGICA FLORESTA.

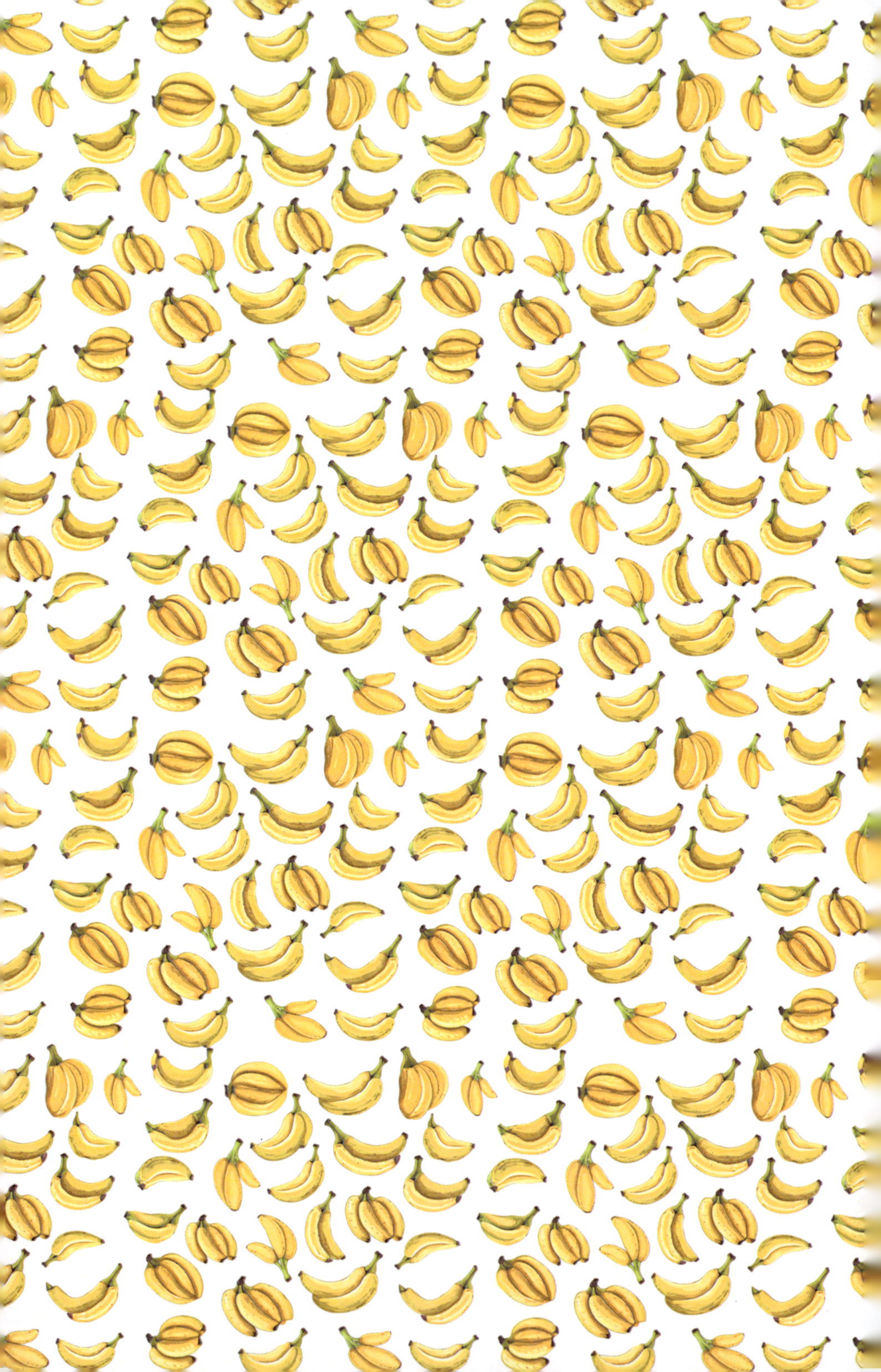

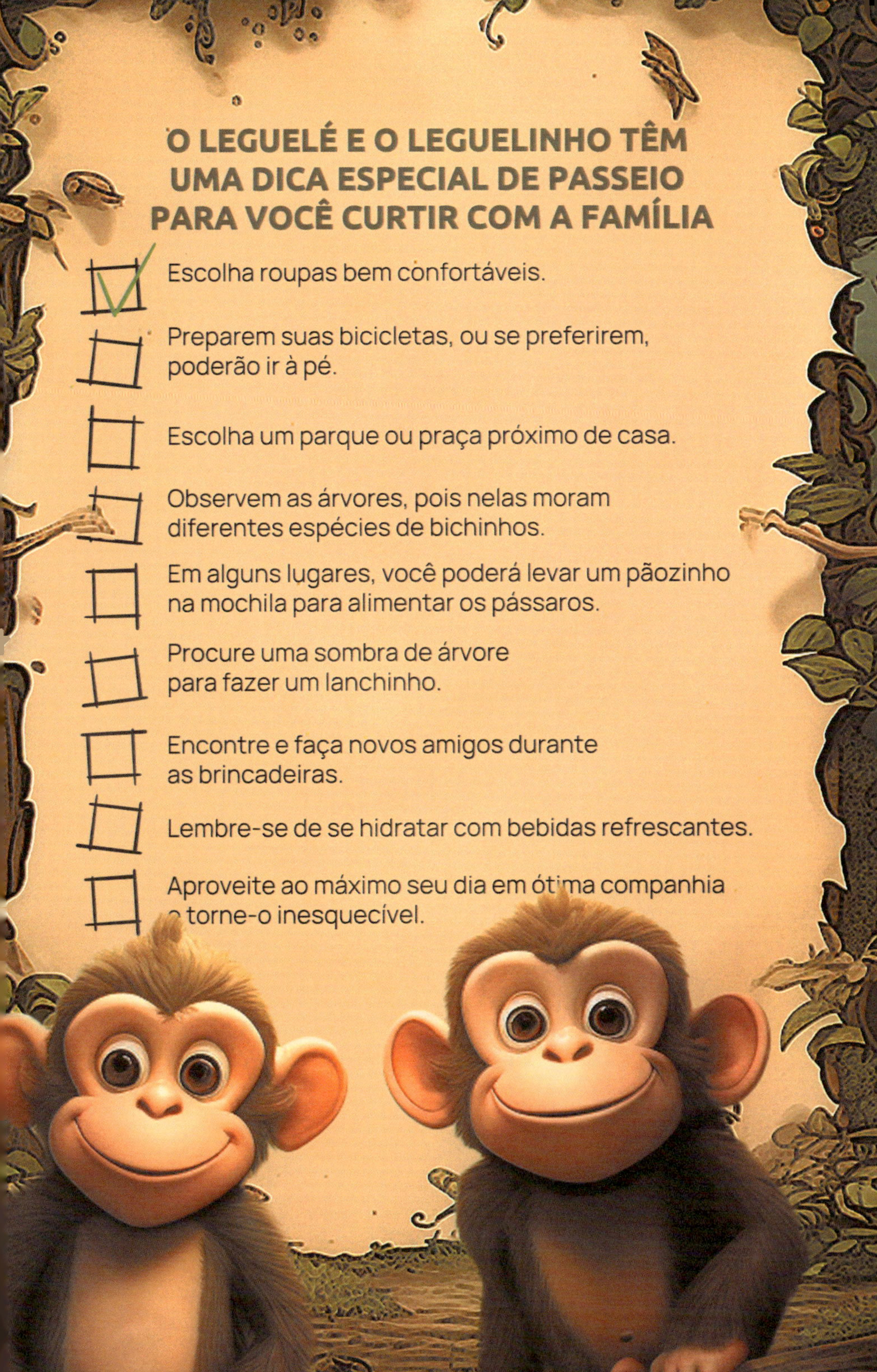

O LEGUELÉ E O LEGUELINHO TÊM UMA DICA ESPECIAL DE PASSEIO PARA VOCÊ CURTIR COM A FAMÍLIA

Escolha roupas bem confortáveis.

Preparem suas bicicletas, ou se preferirem, poderão ir à pé.

Escolha um parque ou praça próximo de casa.

Observem as árvores, pois nelas moram diferentes espécies de bichinhos.

Em alguns lugares, você poderá levar um pãozinho na mochila para alimentar os pássaros.

Procure uma sombra de árvore para fazer um lanchinho.

Encontre e faça novos amigos durante as brincadeiras.

Lembre-se de se hidratar com bebidas refrescantes.

Aproveite ao máximo seu dia em ótima companhia e torne-o inesquecível.

**Leandro Campos Moreira**

Leandro Moreira é publicitário, nascido e criado no Rio de Janeiro, aos 24 anos, mudou-se para São Paulo, onde vive e trabalha como diretor de arte em agência de publicidade. Após o nascimento do seu filho, hoje com 4 anos, os dois criam suas histórias baseadas em suas vivências do cotidiano, transformando-as em grandes aventuras na pele desses dois macaquinhos. Um hobby de pai e filho que ultrapassou os limites da imaginação e se tornou tangível através da publicação de seus livrinhos.

# Publique seu livro:

**Não deixe de conhecer
os outros livros do
selo Asinha em:**

**www.asesdaliteratura.com**